Live to be
Forgotten
잊히기 위해 산 사람

LIVE TO BE FORGOTTEN - D. E. Hoste

2008 OMF Hong Kong
P. O. Box 70505, Kowloon Central, Hong Kong
First Edition: June 2008
All Rights Reserved.

잊히기 위해 산 사람

지은이 | 패트릭 펑
옮긴이 | 최태희
1판 2쇄 2025년 5월 1일
발행인 | 최태희
디자인 | 홍연기
발행처 | 로뎀북스
등록 | 2012년 06월 15일
주소 | 충남 공주시 정안면 상룡길 90-18
이메일 | rodembooks@naver.com
ISBN | 978-89-93227-15-4 03230

Live to be
FORGOTTEN
잊히기 위해 산 사람

Patrick Fung
패트릭 펑

OMF RODEM BOOKS

1865년 허드슨 테일러가 창설한 중국 내지 선교회(CIM)는 OMF의 전신이다. 중국 공산화 이후 사역지는 중국 내지에서 동아시아로 옮기게 되었고, 단체 이름도 OMF로 바뀌어 지금까지 사역해 오고 있다. OMF는 불교, 이슬람, 애니미즘, 샤머니즘 등이 가득한 동아시아의 복음화를 위해 사역해왔으며, 각 지역교회와 함께 예수 그리스도가 구세주이심을 선포하고 있다. OMF는 초교파 국제 선교단체로 복음적인 기독단체와 연합하여 모든 문화와 종족을 대상으로 사역하고 있다. 세계 27개국에서 온 1,300여 명의 사역자들이 동아시아 16개국의 복음화를 위해 섬기고 있다.

OMF의 비전

동아시아의 신속한 복음화를 통해 하나님을 영화롭게 하는 것이다.

목표

우리는 미전도 종족들을 찾아간다.
우리는 소외된 사람들에게 관심을 갖는다.
우리는 복음을 전하는 일에 주력한다.
우리는 국제적인 팀을 이루어 사역한다.

OMF International – Korea

한국본부 (137-828) 서울시 서초구 방배본동 763-32호 2층
전화 02-455-0261 / 팩스 02-455-0278
홈페이지 http://www.omf.or.kr
이메일 omf@omf.or.kr

Foreword 서문

The Spirituality of a Servant Leader
섬기는 지도자의 영성

D. E. 호스트는 CIM의 225번째 선교사로 허드슨 테일러의 뒤를 이어 CIM의 2대 총재가 되었다. 그의 어떤 모습 때문에 선임자가 그를 선택했고 선교회의 다른 리더들도 만장일치로 그 선택에 동의했을까?

외부적인 상황은 명백했다. 68세가 된 허드슨은 뇌졸중으로 스위스에서 요양 중이었기 때문에, 35년 전에 자기가 세운 선교회를 더 이상 인도할 수 없었다. 후임자로서 훈련을 받고 있던 윌리엄 쿠퍼는 잔인했던 의화단이 다른 중국 성도와 선교사들을 대량 학살할 때 바오딩에서 순교했다. 상하이에서 허드슨의 대리 역할을 하던 존 스티븐슨은 행정적인 능력은 있었지만 지도자로서 필요한 인간관계나 큰 그림을 보고 전략적인 사고를 하는 능력이 부족했다. 반면 호스트는 연령은 39세밖에 되지 않았지만 15년 간 검증된 지도자로서 그 빈틈을 채워줄 수 있는 사람이었다.

그러나 호스트가 선택된 가장 중요한 요인은 그의 영적 자질에 있었다. 국립 사관 학교를 졸업한 21세의 호스트 소령은 1882년 영국에 건너왔던 무디의 집회에서 회심을 한 이후 철저한 제자로서의 대가를 기꺼이 받아들였다. 승진을 좇는 출세의 길을 버리고 그리스도를 알고 그를 전하기 위해서 살았다. 그것을 위하여 심지어 샨시성 남쪽 마을에까지 갔다. 패트릭 펑 박사가 이 책에서 말하듯이 '그는 그리스도를 기억하게 하기 위해서 자신은 잊히는 삶을 살았다.'

호스트는 일찍이 기도가 능력과 지도력의 참된 근원임을 알았다. 29세 밖에 되지 않았을 때인데 한 CIM 집회에서 이런 말을 한 적이 있다. "우리는 은밀한 곳, 사막의 한가운데서 홀로 하나님을 만나야 합니다. 제게는 모든 일에 전적으로 하나님을 의지하는 그것이 바로 진정한 영성인 것 같습니다. 우리는 무슨 일이든지 자신의 지혜로 하는 것을 두려워해야 합니다. 만일 한 사람이 하나님께 온전히 무릎꿇고 자신을 위해 예비하신 그분의 계획을 알게 된다면 그는 그것을 저항할 수 없을 것입니다." 기도는 그의 삶과 사역의 가장 큰 특징이었다.

CIM의 4대 총재이던 프랭크 휴턴 감독은 호스트가 선택된 이유를 '사랑과 겸손과 절제하는 마음으로 중국인과 동료 선교사를 섬겼기 때문'이라고 했다. 호스트는 선교회의 동료 선교사들에게 편지하면서 이렇게 자기 생각을 전했다. '만일 중국인이 선교사와 가까이 지내지 못하고 그 가정에 드나들지 못한다면, 그들에게 예수님의 피를 통해서 하나님께 가는 것을 설교한다고 해도 그리 효과가 없을 것입니다.'

CIM의 몇몇 동료들은 중국인 지도자 밑에서 일하는 것을 어려워 하기도 했지만 그는 유명한 유교 학자이자 강력한 지도자였던 시목사 아래서 섬기는 것을 배웠다. 샨시 선교관에서 보낸 편지에 이렇게 적었다. "우리 사이에 크게 벌어져 있는 간격을 진정으로 메우기 원한다면 기꺼이 낮은 자리에 있으려는 마음과 함께 사랑과 인내가 더욱 더 필요함을 깨닫습니다." 샨시에서 거의 10년 동안 호스트는 시목사와 아름다운 동역 관계를 유지했다.

호스트도 자기 선임자처럼 선교사는 교회 건축의 비계목이 되어야 한다고 생각했다. 그래서 경건한 중국 지도자가 인도하는 현지 교회를 보는 것이 선교사의 궁

극적인 성공이라고 하였다. 호스트가 총재가 된지 얼마 되지 않았을 때, '**의화단의 난 이후 중국 교회와 선교사의 관계**'라는 주제로 연설한 적이 있다. 그는 예견하기를 1900년의 폭동으로 인해 선교사들이 선교 센터를 떠나고 현지 성도들은 고통을 당했지만 그것으로 인해 하나님께서 새로운 중국인 지도자들을 일으키실 것이라고 하였다. 그는 서양 선교사들에게 다시 중국으로 돌아가면 새로운 중국 현지 지도자들을 방해하지 말고 존중하라고 역설했다. 다시 가서 주도권을 쥐려는 것은 잘못된 것이라고 하였다. 선교사들은 돌아가서 중국 교회와 함께 그들 밑에서 일할 준비가 되어 있어야 했다.

마지막으로 펑 총재가 강조했듯이 호스트는 비전과 담대한 믿음을 가진 지도자였다. 1929년 오랜 기도 끝에 그는 CIM의 전진을 위해서 새로운 일꾼 200명을 요청했다. "이에는 우리 선교회가 아직 한번도 경험하지 못했던 대단한 갈등이 따를 것입니다." 그렇게 예견한 대로 선교회에 닥친 어려움은 정말로 대단했다. 이미 대공황이 시작되고 있었다. CIM은 상하이에 새 본부를 짓고 있는 중이었다. 새로 오는 그 많은 선교사에게 필요한 기금은 그만두고라도 현재 하고 있는 일을 완성하기 위해 어디에서 자금을 마련할 것인가? 그러나 1931

년까지 새로운 부지와 건물이 모두 준비되었다. 그리하여 꾸준히 줄지어 들어오는 200명의 새 일꾼을 모두 맞을 수 있었다.

이 소책자를 통하여 새 세대의 젊은 지도자들이 하나님께서 축복하시는 사역자의 자질과 하나님께서 번성케 하시는 사역의 특성을 숙고하여 그와 같은 사람들이 되기를 기도드린다.

제임스 H. 테일러 3세 (James H. Taylor III)

Live to be forgotten
잊히기 위해 산 사람

"Have you heard of D. E. Hoste?" I asked a group of young people. Almost all looked bewildered.

"Have you heard of Hudson Taylor?" Now there were a few nods, and someone even shouted out, "I know! He went to China as a doctor, I think."

Then I asked a final question, "Have you heard of the Cambridge Seven?"
Their faces lit up. "Yes!" At least they had heard of the Cambridge Seven.

It is not easy to sketch the life and character of D. E. Hoste. Despite the fact that he led the China Inland Mission (CIM) for over 30 years after Hudson Taylor, few are familiar with him, even though he was one of the Cambridge Seven. One of the reasons is his 'lowliness'. There is very little autobiography in his

젊은이들 모임에서 "D. E. 호스트라는 사람 이야기 들은 적 있어요?"라고 물어보았다. 대부분이 어리둥절한 표정이었다.

"허드슨 테일러에 대해 들어본 적 있어요?" 그러자 몇 명이 고개를 끄덕였고 어떤 사람은 소리를 높여 말했다. "알아요! 아마 중국에 의사로 간 사람이지요?"

그래서 마지막 질문을 하였다. "케임브리지 세븐에 대해 들어본 적 있어요?" 그들은 얼굴을 빛냈다. "예!" 최소한 케임브리지 세븐 이야기는 들은 적이 있었다.

D. E. 호스트의 생애와 특성을 묘사하기는 쉽지 않다. 허드슨 테일러의 뒤를 이어 30년 이상 CIM을 이끌었고 그가 케임브리지 세븐이었다는 사실 외에 그를 잘 알고 있는 사람이 거의 없다. 그 원인 중 하나는 그의 '낮아짐' 때문이다. 그는 자기 이야기를 거의 쓰지 않았다. 편지

writing. He wrote many letters, but few reveal much about him. However, when his friends and colleagues referred to Hoste, there was a distinct convergence of view.

"He lived to be forgotten in order that Christ may be remembered." That was how colleagues remembered Hoste. His hiddenness in Christ evidently outweighed the other virtues that people could have recalled.

Dixon Edward Hoste was born on 23 July 1861. He came from a strongly-disciplined background. His father was a Major-General in the Royal Artillery and his grandfather was Colonel Sir George Hoste, C. B. Military discipline certainly had a strong influence upon his young life. From his youth, he developed a no-nonsense outlook. Before his teenage years, Hoste had already learned by heart many long passages of English poetry including Shakespeare.

Hoste's parents were God-fearing people. Mrs. Hoste, who was gifted in teaching, invested much in her son, teaching him important principles from the Scripture. Sitting by his mother's knee, he would listen attentively to every Bible story she told. One would think that with such spiritual influence, Hoste

를 많이 썼는데 자신에 대해서 쓴 것은 드물다. 그러나 친구나 동료들이 호스트를 언급할 때면 명백하게 일치되는 견해가 있었다.

"그는 그리스도를 기억하게 하기 위해서 자기는 잊히도록 살았습니다." 동료들은 그렇게 호스트를 기억했다. 그리스도 안에서 그의 「숨겨짐(hiddenness)」이라는 미덕은 사람들이 회상하는 다른 모든 덕보다도 뛰어났던 것이다.

딕슨 에드워드 호스트는 1861년 7월 23일에 태어나 규율이 엄한 환경에서 자랐다. 아버지는 포병 연대 소장이었고 할아버지 조지 호스트 경은 육군 대령이었다. 군대식 훈련이 그의 어린 시절에 강한 영향을 끼쳤을 것이다. 그는 어릴 때부터 꼿꼿한 자세가 몸에 배어 있었고, 십대가 되기 전에 셰익스피어를 포함한 긴 영시(英詩)를 많이 외고 있었다.

호스트의 부모님은 하나님을 경외하는 분들이었다. 어머니는 가르치는 은사가 있었는데 아들에게 성경의 중요한 원리들을 많은 시간을 들여 가르쳤다. 그는 어머니 곁에 앉아서 들려주시는 성경 이야기를 주의 깊게 듣곤 하였다. 그러한 영적 영향력 가운데서 라면 강하고 자신감 있는 사람으로 성장했으리라고 상상할 것이

would grow up strong and confident. However, he was unusually reserved, with a sensitive temperament. In his teenage years, he did not appear to have many friends and this caused his parents concern.

Aged seventeen, Hoste joined the Royal Military Academy. For nearly four years, he roamed in a spiritual wilderness; in his own words he became 'indifferent to claims of God.' He even stopped praying. However, his mother never gave up on her son. She continued to write to him, encouraging him as well as challenging him never to abandon his faith.

D. E. 호스트: 허드슨 테일러의 계승자
D. E. Hoste: Hudson Taylor's successor

다. 그러나 그는 극도로 내성적이었고 민감한 성격이었다. 십대일 때에는 친구가 별로 없는 것 같아서 부모가 걱정을 하기도 했다.

호스트는 17세에 국립 사관학교에 들어갔다. 거의 4년 간, 그는 영적으로 방황했다. 그 자신의 표현으로 '하나님의 약속에 무관심'했다. 기도까지 멈추었다. 그러나 어머니는 결코 아들을 포기하지 않았다. 계속해서 편지로 믿음을 버리지 말라고 도전하며 격려하였다.

거트루드 호스트 부인과 브룸홀의 장자 허드슨
Gertrude & Hudson Broomhall

A New Resolve
새로운 결심

In 1882, aged 21, Hoste felt dissatisfied with his life. While still conscious of the biblical principles he learned from childhood, he felt that becoming a disciple of Jesus Christ would be too costly. The Spirit must have been at work. In the same way that Andrew, Simon Peter's brother, was so excited to tell Peter that he found the Messiah (John 1:41), so William, Hoste's brother, did likewise.

That year the great American preacher D. L. Moody was speaking in Brighton, England. Hoste was stationed on the Isle of Wight at the time and staying with his parents in Brighton towards the end of the year, so the young officer finally went with his elder brother to Moody's meeting. Hoste was totally gripped - not so much by Moody's preaching as by his prayer. He heard a man in communion with God, talking to Him as if talking to a friend. Hoste made a

1882년 21세의 호스트는 자기 삶이 만족스럽지 않았다. 어릴 때 배웠던 성경적 원리를 아직 의식하고는 있었지만 예수 그리스도의 제자가 되는 것은 너무 큰 희생이라고 생각했다. 아마도 성령께서 역사하셨을 것이다. 호스트의 형인 윌리엄은 자기가 메시아를 만났다고 흥분해서 형 베드로에게 말했던 안드레와 같은 일을 했다.(요1:41)

그 해 미국의 위대한 전도자 D. L. 무디가 영국 브라이턴에서 말씀을 전하고 있었다. 당시 호스트는 와이트 섬에 배치되어 그 해 말까지 브라이턴에 있는 부모님 댁에 살게 되었다. 그래서 형의 권유로 마침내 무디의 집회에 함께 갔다. 호스트는 무디의 설교도 좋았지만 그의 기도에 완전히 사로잡혔다. 그는 하나님과 교제하며 그분께 친구처럼 이야기하고 있었다. 호스트는 그 날 밤 헌신하여 다시는 뒤돌아보지 않았다.

commitment that evening and never looked back.

It is interesting that both Hudson Taylor and Hoste, the first two General Directors of the China Inland Mission who each led the Mission for over 30 years, both had a deep spiritual experience at Brighton. That town is now known for its summer tourism, rather than as a place of quiet reflection.

When we examine Hoste's later writings, it is clear that he was influenced by the missiology thinking of his day. Moody, in his direct, intense, earnest preaching, proclaimed the solemn truth about God's wrath and His judgement and our own sinfulness without any reserve. The wrath of God and the lostness of souls were key elements in his messages. Perhaps in the post modern era with its dismissal of authority, we are too afraid to preach the wrath of God as passionately as we do His glory.

Hoste offered himself to the Lord Jesus, filled with new life. One of the signs of this new life was his unceasing hunger for the Word of God. In the numerous letters he wrote to colleagues in the China Inland Mission in later days, it became evident that he was a man soaked in the Word of God. Another sign

CIM을 30년 이상 이끌었던 첫 두 총재 허드슨 테일러와 호스트가 둘 다 브라이튼에서 깊은 영적 경험을 했다니 재미있는 일이다. 그 마을은 현재 조용한 명상의 장소이기 보다는 여름 관광 명소로 더 알려져 있는 곳이다.

만년에 쓴 글들을 보면 호스트가 당시의 선교적 사고에 영향을 받은 것이 분명하다. 무디는 설교할 때 하나님의 분노와 심판, 그리고 우리의 죄에 대한 엄숙한 진리를 가차없이 직접적으로 강하게 선포했다. 하나님의 분노와 잃어버린 영혼은 그의 설교의 중심 내용이었다. 우리가 하나님의 영광에 대해서 열정적으로 설교하면서도 하나님의 분노에 대해서는 그만큼 힘 있게 설교하기를 두려워하는 것은 아마도 우리가 권위라는 것이 실추되어버린 포스트 모던 시대에 살고 있기 때문이 아닌가 생각한다.

호스트는 주 예수께 자신을 드렸고 새 생명으로 충만했다. 이 새 생명의 증거 중 하나는 하나님의 말씀에 대한 끊임없는 갈급함이었다. 만년에 CIM의 동료들에게 쓴 수많은 편지를 보면 그가 얼마나 하나님의 말씀에 잠겨있던 사람인가를 알 수 있다. 그의 내면에 일어난 다른 변화의 증거는 그리스도 없이 영원한 어두움으로 빠져가는 영혼들에 대한 깊은 관심이었다.

of change in him was his deep concern for the souls that would go to eternal darkness without Christ.

The first thing he did as he went back to his battalion was to tell his senior officer that he had become a Christian.

> *"I want to tell you, Sir, that I've become a Christian."*
> *"A what?" The officer-in-charge almost fell out of his chair.*
> *"A Christian, Sir."*

His faith became well-known among his fellow officers. A fellow officer of Hoste wrote, "One could not but be struck by his most earnest convictions, which I felt deep respect for - and which to this day I reverence. My recollection is that he was on fire with it all, and that he really never thought of anything else. He spent all his spare time studying the Bible and in teaching and preaching on the beach and elsewhere."

His brother William soon introduced him to fellow students in Cambridge who were becoming increasingly interested in China.

그가 부대에 돌아가서 맨 처음 한 일은 상관에게 자기가 기독교인이 되었다고 알린 일이었다.

"대령님, 제가 기독교인이 되었습니다."
"뭐라고?" 상관은 거의 의자에서 떨어질 뻔하였다.
"저는 이제 기독교인이 되었습니다."

그의 믿음은 동료 장교들 사이에 유명해졌다. 호스트의 동료 장교 한 명이 쓴 글이다. "그가 얼마나 진지하게 확신을 하고 있는지 감명을 받을 수밖에 없었다. 그의 믿음에 나는 깊은 존경심을 느꼈고, 오늘날까지 경외감을 갖고 있다. 그는 아주 불이 붙어 있어서 다른 것은 아무것도 생각하지 않았던 것으로 기억한다. 시간이 있으면 성경을 공부하거나 해변이나 다른 곳에서 가르치거나 설교를 하고 있었다."

형 윌리엄은 곧 그에게 케임브리지 학생들을 소개해 주었는데 그들은 중국에 대해서 날이 갈수록 더욱 관심을 더해 가고 있는 사람들이었다.

Awakening for the Contented Soul
느긋한 영혼들 깨우기

D. E. Hoste was deeply impressed by the writing of Hudson Taylor, who founded the China Inland Mission in 1865. The little book by Hudson Taylor, 「China: Its Spiritual Need and Claims」 had spread like wildfire through British universities, and friends in Cambridge were talking about it avidly. Hoste was gripped with the challenge to respond to the spiritual needs of the Chinese. For the educated, this well-researched information proved a powerful tool to awaken their contented souls:

It is stated that the daily mortality of China is 33,000! Think of it - a mortality which in less than three months exceeds the whole population of huge, overgrown London - which in a year and a half exceeds the total number of the inhabitants of our highly-favoured England⋯ And can the Christians in England sit still with folded arms while these multitudes are

D. E. 호스트는 1865년에 CIM을 세운 허드슨 테일러의 글에 깊이 감동했다. 테일러가 쓴 「중국; 그 영적인 필요와 권리」라는 소책자는 영국 대학가에 마른 잎에 불이 붙듯이 퍼졌고 케임브리지 친구들은 그것에 대해서 열정적으로 이야기하고 있었다. 호스트는 중국인의 영적인 필요에 반응해야한다는 도전에 마음이 사로잡혔다. 깊은 연구 결과로 나온 이러한 정보는 지성인들의 나태한 영혼을 깨우는 강력한 도구가 되었다.

중국에서는 날마다 33,000명이 죽고 있다고 합니다. 생각해 보십시오 - 3달도 안 되는 시간에 거대하게 성장한 런던의 전 인구보다 더 많은 사람이 죽는 겁니다. 그 수는 일 년 반이 지나면 우리가 지극히 사랑하는 영국의 전체 인구를 넘어서는 숫자입니다. 그런데도 영국 그리스도인들이 팔짱을 끼고 앉아만 있어야 하겠습니까? 이렇게 많은 사람들이 알지 못해서 멸망해 가고 있는데도?

perishing - perishing for lack of knowledge…?

Hoste rose to the call. In July 1883 he wrote to the London office of the China Inland Mission and offered himself as a candidate.

God's ways are always higher than our ways. We cannot fathom the wisdom of God. The arrival of the news of the death of a brilliant doctor who had gone to China not long before with the CIM came as a shock to many. Dr. Harold Schofield, gold medallist in academic studies and an Oxford graduate, served in Taiyuan in Shanxi province, forsaking many wonderful offers of a bright career in academia. Schofield's life made a huge impact upon many British graduates of the day. It was as if his single-hearted passion for Christ and for the Chinese people became contagious.

Schofield was one of the early missionary doctors who joined the CIM, much to the delight of Hudson Taylor himself, who was also a trained doctor. However, Schofield contracted typhoid from one of his patients and was called home to heaven within a few days, on 1 August 1883. He died at the age of 32. Many wondered at what seemed a tremendous waste

호스트는 그 부름에 일어섰다. 1883년 7월 그는 CIM 런던 본부에 자기가 선교사 후보자가 되겠다고 편지했다.

하나님의 방법은 언제나 우리의 방법보다 높다. 우리는 하나님의 지혜를 그 깊이만큼 헤아릴 수 없다. CIM을 통해 중국에 가서 사역한지 그리 오래되지 않은 훌륭한 의사가 죽었다는 소식이 들어왔다. 그것은 많은 사람에게 충격이었다. 해롤드 스코필드 의사는 옥스퍼드 출신으로 학문적으로 뛰어난 사람이었다. 학계에 빛나는 경력을 쌓을 수 있는 대단한 초청들을 전부 거절하고 샨시 타이위엔으로 가서 봉사했다. 스코필드의 생애는 당시 영국 대학 졸업자들에게 큰 충격을 주었다. 그것은 마치 그리스도와 중국인에 대한 한결 같은 그의 열정이 전염되어 퍼지는 것과 같았다.

스코필드는 CIM에 들어온 초창기 의료 선교사였는데 역시 의사였던 허드슨 테일러는 그가 들어온 것이 매우 기뻤다. 그런데 치료하던 환자에게 장티푸스가 옮아서 며칠도 지나지 않은 1883년 8월 1일에 소천하였다. 그의 나이 32세였다. 많은 사람들이 그렇게 젊고 유망한 의사가 죽었으니 얼마나 큰 낭비인가 하고 생각했다. 그의 헌신이 줄 영적인 영향력에 대해서 상상하는 사람은 거의 없었다.

for such a young and gifted doctor. Few could have guessed the spiritual impact of his dedication.

> "I tell you the truth, unless a kernel of wheat falls to the ground and dies, it remains only a single seed. But if it dies, it produces many seeds."(John 12:24)

Phyllis Thompson, one of the most prolific writers in the history of the CIM/OMF, pointed out that Hoste's application landed on the desk of the CIM London office on the day of Schofield's death. Was it mere coincidence? Hoste's application was only the beginning, and six more were on their way, each from high achievers who came from privileged homes. The 'Cambridge Seven' brought shock waves to the English world, seven men who sacrificed their status and privilege for the sake of Christ.

타이웬 병원의 해럴드 스코필드
Dr. Harold Schofield of Taiyuan Hospital

"내가 진실로 진실로 너희에게 이르노니 한 알의 밀이 땅에 떨어져 죽지 아니하면 한 알 그대로 있고 죽으면 많은 열매를 맺느니라"(요 12:24)

필리스 탐슨은 CIM/OMF의 역사 가운데 가장 책을 많이 쓴 작가인데 호스트의 지원서가 CIM 런던 본부의 책상 위에 놓인 날이 바로 스코필드가 죽었던 날이었다고 지적했다. 호스트의 지원서는 시작일 뿐이었다. 6명의 지원서가 더 오고 있는 중이었다. 모두가 상류 가정의 훌륭한 자격이 갖추어진 사람들이었다. 그 '케임브리지 세븐'은 영국 사회에 충격의 파장을 일으켰다. 그 7명은 그리스도를 위하여 자신의 지위와 특권을 모두 버렸다.

1885년 중국 도착 후의 캠브리지 7인. 뒷줄 왼쪽부터 C.T 스터드, 몽타규 보챔프, 스탠리 스미스, 앞줄 왼쪽부터 A.T. 폴힐터너, 호스트, C.H. 폴힐터너, 캐셀스
Cambridge Seven upon arrival in China, 1885
Back row: C. T. Studd, Montagu Beauchamp, Stanley Smith; Front row: A. T. Polhill Turner, D. E. Hoste, C. H. Polhill Turner, W. W. Cassels

For Christ and China
그리스도와 중국을 위하여

If we look at Hoste's leadership of the CIM in his later days, we can discern his discipline of constant waiting upon the Lord. This can be traced back to the days of his first application to join the Mission, which elicited no immediate welcome. At the conclusion of his first interview, Hudson Taylor advised the young man to continue to wait quietly before the Lord to confirm His will. What a disappointment! Perhaps the hardship in China, the humiliation faced by missionaries and the loneliness of isolation would prove too much for the young Hoste. Perhaps Hoste was still not absolutely certain of his call to China.

For many young people on fire for God and ready for action, this kind of treatment would be considered unacceptable; "I have something good to offer, why does the Mission not offer me anything to match my gifts?"

호스트가 CIM의 지도자로서 지냈던 후반기를 보면 늘 주님을 기다리는 훈련이 잘 되어 있음을 볼 수 있다. 이것은 그가 처음 선교회에 지원서를 내었을 때도 마찬가지였다. 선교회는 당장에 오라고 하지 않았다. 첫 번째 면담을 한 후 허드슨 테일러는 젊은 호스트에게 하나님이 확실하게 그 뜻을 확인해주실 때까지 조용히 기다리라고 충고해 주었다. 얼마나 실망스러웠겠는가! 젊은 호스트에게 중국의 곤궁한 삶, 선교사들의 조롱, 그리고 홀로 살 때의 고독이 문제였을 수도 있고 아니면 호스트가 중국으로 부르심을 받은 것에 대해 절대적으로 확신하지 못했을 가능성도 있었다.

하나님을 위해서 무언가 하겠다는 열정이 있는 젊은 사람들 중에 이러한 대우를 받으면 용납하기 힘들 것이다. "내가 이런 좋은 일을 하겠다고 하는데 왜 선교회는 나의 은사에 맞는 일을 찾아주지 않는 걸까?"

It was a spirit of humility and submission that allowed Hoste not to give up. He knew the One who called him to serve is the Lord. Those who trust in the Lord will not be put to shame. Hoste submitted himself to the Lord and His timing.

He went through a second interview in February 1884 and a third in autumn that same year. It was impressive how thorough and careful the candidate screening was in those days. He was advised on how to obtain experience in Christian service as part of his preparation. He took this advice seriously; preparation would involve more than just the mind and the will but action too.

Hoste was shy in character; a reserved man who loved beautiful and elegant things. Realizing his sensitivity to dirt and smells, he deliberately put himself in situations that challenged him. He was determined to give himself to the Lord for the cause in China.

One of the most beautiful pictures of Hoste kept in the archive of the CIM/OMF library shows a shabby-looking hut looming in the background. Somewhat unshaven, in Chinese dress, he is sitting on a small

호스트가 포기하지 않을 수 있었던 것은 그가 겸손하고 순종적인 마음을 가졌기 때문이었다. 그는 자기를 섬김의 자리에 부르시는 분이 주님이심을 알았다. 주님을 의지하는 자는 부끄러움을 당하지 않으리라. 호스트는 주님께 순종하는 마음으로 주님의 시간을 기다렸다.

두 번째 면담은 1884년 2월에, 세 번째는 그 해 가을에 이루어졌다. 당시 후보자 검증이 얼마나 철저하고 주의 깊게 이루어졌는지 아주 인상적이다. 그때 기독교 사역의 경험을 쌓는 것이 준비에 도움이 된다는 충고를 들었다. 마음과 의지 뿐 아니라 행동의 준비도 해야 한다는 그 충고를 호스트는 신중히 받아들였다.

호스트는 소심한 성격이었다. 아름답고 우아한 것을 좋아하는 내성적인 사람이었다. 그는 자기가 먼지나 냄새에 민감한 것을 알고 일부러 견디기 어려운 곳을 찾아갔다. 중국을 위해서 자신을 주님께 드리기로 굳게 결심한 것이었다.

CIM/OMF 서고에는 아주 아름다운 호스트의 사진이 있다. 호스트는 중국옷을 입고 면도하지 않은 얼굴로 진흙 위에 놓은 작은 걸상에 앉아 있다. 누추한 움막이 뒤에 희미하게 배경으로 보이고 그릇과 젓가락을 들고 중국인 마을 사람과 음식을 먹고 있는 사진이다. 성

stool in the mud, with a bowl and chopsticks in his hands, eating with a Chinese villager. What a wonderful image of incarnational ministry.

Spiritual maturity often begins with inadequacies. Rev. W. T. Storrs of Sandown, Isle of Wight was asked to give a reference for Hoste in his application to join the CIM. Storrs did not give a very promising reply:

I doubt Hudson Taylor could have imagined this young man, who still needed to smoothen many rough edges, would succeed him in leading the Mission 25 years later. God's choice of leaders often surprises us. However, one thing is certain. God's chosen servant leaders continue to grow and learn spiritual lessons. Once a senior missionary colleague said, "We need to move from self-sufficiency to Christ's sufficiency." Humility is the key to the door of Christ's sufficiency. For Hoste, the lesson of humility continued to dominate in his life.

The day came in early 1885 when Exeter Hall in London was packed despite pouring rain. It was no ordinary day. Seven young men, five graduates from Cambridge and two Army officers, gave their testimonies. These were;

육신적인 사역의 대표적인 그림이 아니겠는가?

대부분 영적인 성숙이 시작되는 시점은 부적당한 곳에서 부터이다. 와이트 섬 샌다운의 W. T. 스토스 목사는 CIM 허입을 위해 호스트의 참고인으로 조회를 부탁받았다. 스토스는 그리 좋게 써주지 않았다.

질문: 가르치는 능력?
대답: 모르겠음. 잘 가르칠 수 있다고 생각하지 않음.
질문: 신중하며 잘 참는 성격인가?
대답: 모르겠음. 부르심을 받은 자리에서 인내심을 길러야 할 것으로 생각함.
질문: 힘이 있고 진취적인가?
대답: 그랬으면 좋겠음. 그런데 선천적으로 진취적인 것 같지는 않음.
질문: 성경 지식?
대답: 꽤 알고 있음. 그러나 그는 어린 기독교인임.
질문: 그를 선교사역에 추천하겠는가?
대답: 그러한 일에 자연스럽게 어울리는 사람이라고는 생각하지 않지만 내가 틀렸을 수도 있음.

허드슨 테일러는 모난 부분을 많이 갈고 닦아야 하는 이 젊은이가 25년 뒤에 자기 뒤를 이어 선교회를 이끌어 가리라고 상상할 수 있었을까? 아마 그러지 못했을

W. W. Cassels BA, St. John's College, Cambridge
Stanley P. Smith BA, Trinity College, Cambridge
C. T. Studd BA, Trinity College, Cambridge
Dixon E. Hoste (Royal Artillery)
Montagu Beauchamp BA, Trinity College, Cambridge
Cecil Polhill-Turner (2nd Dragoon Guards)
Arthur T. Polhill-Turner BA, Trinity Hall and Ridley College, Cambridge

Even the learned might feel somewhat inferior among such a group. Stanley Smith and C. T. Studd were born speakers and outstanding members of the group. Their fame was also in the sports arena. Studd, already a household name, was one of the greatest bowlers in English cricket. Cassels had a natural charm and a warm disposition, so it was no surprise that he became a fine minister in China in later years.

The Cambridge Seven arrived in Shanghai to a warm reception from the foreign community, including the embassy staff who did not have much sympathy for Christian work. Smith and Studd tended to be the public speakers. Hoste had a high-pitched voice that did not naturally attract a large audience. He was often in the background, quiet but with a peaceful spirit. It was not for many years that

것이다. 하나님께서 선택하시는 지도자에 대해 우리는 의아하게 생각할 때가 종종 있다. 그러나 한 가지는 분명하다. 하나님께서 택하신 지도자는 지속적으로 영적인 교훈을 배우고 성장해 간다. 한 선임 선교사는 이렇게 말할 적이 있다. "우리는 스스로 만족한 상태에서 그리스도로 만족한 상태로 옮겨가야 할 필요가 있다." 그리스도로 만족한 상태라는 문을 여는 열쇠는 겸손이다. 그 겸손이 호스트의 일생을 계속 지배했던 교훈이었다.

1885년 초, 런던의 엑세터 홀은 쏟아지는 비에도 불구하고 사람으로 가득했다. 그날은 평범한 날이 아니었다. 케임브리지 출신 5명과 군대 장교 2명이 간증을 하는 날이었다. 그들 명단은 다음과 같았다.

W. W. 캐셀스, 케임브리지 세인트 존 대학 문학사
스탠리 P. 스미스, 케임브리지 트리니티 대학 문학사
C. T. 스터드, 케임브리지 트리니티 대학 문학사
딕슨 E. 호스트 (국립 사관 학교)
몬태규 보챔프, 케임브리지 트리니티 대학 문학사
세실 폴힐 터너 (제2 용기병 근위 사단)
아서 T. 폴힐 터너, 케임브리지 트리니티 홀과 리들레이 대학 문학사

그러한 사람들 틈에서라면 배운 자라도 조금 열등감

the Mission discovered a special gift of this young man, that of writing. It was Hoste's clear thinking, and his ability to suffuse truth with grace, his passion and compassion in writing that gave such authority to his leadership of a team of missionaries scattered throughout China's provinces.

길거리에서 중국 친구와 식사하는 호스트(왼쪽); 현지 문화에 동화
D. E. Hoste having meal on the street with a Chinese friend; adapting to local custom.

을 느꼈을 법 하다. 스탠리 스미스와 C. T. 스터드는 그 그룹 안에서도 지도격이었고 타고난 연사였다. 그들은 또 스포츠 계에서도 이름이 나 있었다. 스터드는 유명한 크리켓 선수로 이미 귀에 익은 이름이었고 또 캐셀스는 잘 생기고 성격도 온화했기 때문에 나중에 중국에서 훌륭한 사역자가 된 것이 놀랄 일도 아니었다.

케임브리지 세븐이 상하이에 도착하자 그곳에 있는 외국인들의 따뜻한 환영을 받았다. 대사관 직원들도 기독교 사역에 대해서는 별로 관심이 없었지만 그들을 환영했다. 스미스와 스터드는 대중 연설을 잘했지만 호스트는 톤이 높은 목소리여서 많은 청중의 주의를 자연적으로 끌지는 못했다. 그는 평화로운 마음으로 뒤에 조용히 있을 때가 많았다. 몇 년이 되지 않아 선교회는 이 젊은이에게 특별히 글 쓰는 은사가 있는 것을 알게 되었다. 중국 전역에 흩어져 사역하는 선교사 팀의 지도자로서 호스트에게 그렇게 권위가 있었던 것은 그가 가졌던 분명한 사고(思考), 진리를 은혜로 덮는 능력, 열정과 긍휼을 가지고 쓰던 편지 때문이었다.

Test of Humility
겸손의 시험

With the glamour of the send-off and arrival over, the Cambridge Seven began their journey into the less glamorous hinterland. Famine was prevalent. It had been particularly severe in the Shanxi province only a few years earlier. Millions of people died. Smith and Hoste were sent to the south part of Shanxi, initially to a place called Pingyang. They worked hard at language study. After a day of study theyoften spent the evening sitting out in the courtyard of the rented house, with many Chinese squatting around them looking with intense interest. Foreigners were still not common in the inland provinces. During the afternoons they would sometimes walk in the city and surrounding villages, distributing tracts. This gave them the opportunity to try out the Chinese language while sharing the gospel message.

Stanley Smith and Hoste worked together closely

파송 받고 도착하며 받았던 모든 갈채를 뒤로 하고 케임브리지 세븐은 이제 주목해주는 사람이 덜한 내지로의 여행을 시작했다. 기근이 만연해 있었다. 특히 샨시는 몇 년 전부터 기근이 가장 심했다. 수백만 명이 죽었다. 스미스와 호스트는 처음에는 샨시 남쪽의 핑양이라는 곳으로 배치되었다. 그들은 열심히 언어를 배웠다. 그날의 공부가 끝나고 나면 저녁에 셋집 마당에 앉아서 자기들을 흥미롭게 바라보고 있는 중국인 무리와 함께 시간을 보냈다. 내지에는 아직 외국인이 많이 없었다. 어떤 때는 오후에 도시와 주변 마을을 다니며 전도지를 나누어주기도 했다. 이렇게 하면서 중국어로 복음을 전하는 연습을 하기도 했다.

 스탠리 스미스와 호스트는 가까이 있어서 자연히 서로의 영적인 여정에 영향을 주고받았다. 그들은 오랜 시간 금식을 하기도 했는데 그러는 동안 부정한 생각과 같은 죄를 비롯한 자신들의 죄에 대해서 민감하게 되었

and naturally influenced one another's spiritual walk. They practised long hours of fasting, becoming very conscious of their own sins, particularly unclean thoughts. The combination of long hours of language study, prolonged fasting, lack of personal space and constantly being surrounded by people proved to be emotionally and physically demanding on the new missionaries. Even the mission leader began to show concern. Hudson Taylor once wrote to his wife, "I fear both Stanley Smith and Hoste have injured themselves by over-fasting." Such was the intensity of their spiritual discipline.

Learning to be humble in a foreign culture is one thing; learning to submit to your own peer is a totally different matter. In 1886, both Stanley Smith and Hoste were sent to work with a Chinese Christian leader, Pastor Hsi in Shanxi province. Hsi, a talented Chinese scholar and a former opium addict, had been transformed by the power of the gospel. For years, he worked among drug addicts and opened many opium refuges. In May that year Smith was installed to start a new opium refuge in Hongdong under the supervision of Pastor Hsi. Hoste joined him in the autumn.

다. 오랜 시간 언어를 공부하고 금식도 자주하며 사적인 공간이 없이 늘 사람들에게 둘러싸여 있게 되자 이 신임 선교사들은 감정적으로 신체적으로 아주 힘이 들었다. 선교회 리더도 걱정을 하였다. 허드슨 테일러는 자기 아내에게 이렇게 편지한 적이 있다. "스탠리 스미스와 호스트가 금식을 너무 많이 해서 몸을 상하지 않을까 염려가 됩니다." 그들은 그렇게 강하게 영적인 훈련을 했다.

외국 문화에서 겸손을 배우는 것과 자기 동료에게 복종하기를 배우는 것은 완전히 또 다른 일이다. 1886년에 스탠리 스미스와 호스트는 둘 다 중국 기독교 지도자인 샨시의 시 목사와 함께 일하도록 되었다. 시는 훌륭한 중국 학자였는데 전에 아편 중독에서 복음의 능력으로 변화된 사람이었다. 수 년 동안 아편 환자를 위해서 일했고 중독자 보호소를 많이 짓기도 했다. 그 해 5월 스미스는 시 목사의 감독 하에 홍동에 새로이 아편 보호소를 시작하도록 임명 되었다. 호스트는 가을에 합류하였다.

시 목사는 스미스가 열정적이고 재주가 있는 젊은이라고 생각했다. 그들은 자연스럽게 가까워졌고 스미스는 시를 멘토로 삼았다. 그러나 영국 선교사에게 그곳에서 사는 것은 쉬운 일이 아니었다. 개인 공간은 거의

Hsi found Smith a passionate, gifted young fellow. Immediately there was a natural connection with close fellowship, with Smith looking to Hsi as his mentor. But life was not easy for the English missionary. There was very little privacy and meals were mostly communal. However, Smith made good efforts in adapting to the Chinese lifestyle. By the time Hoste arrived, Smith felt it would be important for one of them to be in the position of leader when it came to decision making. It became obvious to Smith that he should assume this role since he was already familiar with the work. Hoste struggled inside. Years later, he recalled his response;

Why should I serve under him? We were about the same age, and had come to China together. Granted he was brilliant with the language, could make easy contacts, and in other ways was my superior, this did not seem sufficient reason to me. So I suggested he should write to the Mission at Shanghai for a younger man, as it was their business to make appointments... Later on, thinking over the situation, the Spirit of God probed me... The difficulty was in my own heart. It was impressed upon me that if unwillingness persisted it would mean my having to part company with the

없었고 음식도 대부분 함께 먹어야 했지만 스미스는 중국의 생활 방식을 따르려고 애를 썼다. 호스트가 도착했을 때 스미스는 그 둘 중에서 어떤 결정을 해야 할 때 리더의 역할을 할 사람을 정하는 것이 중요하다고 생각했다. 스미스는 당연히 이미 이 일에 익숙해 있는 자기가 그 일을 맡아야 한다고 생각했을 것이다. 호스튼는 속으로 갈등했다. 그는 몇 년 후 자기의 느낌을 이렇게 회상했다.

내가 왜 그 밑에 있어야 한단 말인가? 우리는 나이도 비슷하고 중국에도 같이 왔지 않은가. 그가 언어도 잘하고 친구도 쉽게 사귀고 다른 면에서도 나보다 뛰어나지만 그래도 그것은 나에게 충분한 이유로 생각되지 않았다. 그래서 상하이에서 선교사 배치를 하고 있으니 그들에게 편지해서 더 어린 사람을 보내달라고 하라고 제안했다. 후에 그 상황을 곰곰이 생각할 때 하나님의 성령이 내 속을 꿰뚫어 보셨다. 문제는 내 자신의 마음이었다. 만일 거리끼는 마음이 계속된다면 주 예수 그리스도와의 교제가 끊어질 것 같았다. 주님은 기꺼이 낮은 곳으로 내려가는 겸손한 자들 안에 함께 거하는 분이시기 때문이었다. 그래서 나는 친구의 제안을 받아들였고 그 후로 행복하게 함께 사역했다. 교만과 자의(自意)는 하나님이 싫어하시는 것이다. 성경에는 그것이 사탄의 특징이라고 언급되어 있다. 그러

Lord Jesus Christ, who dwells with the humble ones, those who willingly go down. I therefore accepted my friend's suggestion, and we worked happily together⋯ Pride and self-will are hateful in the sight of God. They are indeed referred to by the Scriptures as in a particular sense characteristic of Satan himself. It is a solemn fact that they may be exhibited equally in the exercise of oversight and in opposition thereto.

Humility opens our eyes to marvel at the work of God. Hoste spent time regularly travelling with Smith together to the countryside revisiting some of the churches, preaching to inquirers and teaching believers. Hoste began to appreciate the gifts that God had given to his colleague.

He(Smith) was full of the Spirit. I shall never forget those months I lived with him in Hongdong. There was such a lot of prayer going up for him; so many people at home had been impressed with him, and were praying for him. God used that man. The more he was willing to let Pastor Hsi keep his natural position, the more God seemed to bless him…The Spirit of God seemed sometimes just to fill the place when he was preaching.

한 것들은 감독할 때나 그것에 대한 반대에도 마찬가지로 드러날 수 있는 위험요소이다.

겸손은 우리의 눈을 열어서 하나님이 하시는 일의 놀라움을 보게 해준다. 호스트는 스미스와 정기적으로 시골 교회 몇 군데를 재방문해서 성도들을 가르치고 구도자들에게 설교를 했다. 호스트는 하나님께서 친구에게 주신 은사에 대해 감사한 마음을 갖게 되었다.

스미스는 성령으로 충만했다. 나는 그와 함께 몇 달 간 홍동에서 살았던 때를 결코 잊지 못할 것이다. 그를 위해 올려드리는 기도가 얼마나 많았는지, 집에 있는 많은 사람들도 그에게서 감명을 받았고 그를 위해서 기도하고 있었다. 하나님께서 그를 사용하셨다. 그가 시 목사의 육신적인 기질을 더욱 용납하면 할수록 하나님께서는 더욱 그를 축복하시는 것 같았다. 어떤 때는 하나님의 성령이 그가 설교를 하고 있는 장소를 그냥 채우시는 것 같았다.

다른 사람의 성공을 기뻐하는 것이 진정한 겸손의 증거이다. 다른 형제에게 복종하는 것을 배웠던 것이 호스트에게는 영적 리더십의 기초가 되었다. 호스트는 그러한 장벽에서 자유함을 느꼈다.

한 선교사가 이런 말을 했다. "나는 전도하는 것은

Rejoicing in other people's success is a true sign of humility. For Hoste, learning to submit to another brother teaches him the foundation of spiritual leadership. Hoste felt liberated by such a breakthrough.

Once I heard a missionary say, "I love the evangelistic part, it is the people I cannot stand." Difficult relationships impede ministry. But is it not true that evangelism has no meaning without people? It is the gospel that brings transformation. It is Christ in us who enables the impossible.

산시 훙동 교회의 중국 · 외국 사역자들 1891년;
뒤의 교회당은 1900년 의화단의 난 때 파괴됨
Chinese and foreign workers of Hongdong Church, Shanxi, 1891;
hall destroyed during Boxer Uprising, 1900

좋은데, 사람들은 참아주기가 어렵습니다." 관계가 어려우면 사역에 방해가 된다. 사람 없는 전도가 의미가 있겠는가? 복음이 변화를 일으킨다. 우리 안에 계신 그리스도께서 불가능한 것을 가능하게 하신다.

회심 후 남편과 함께 주님을 섬긴 시부인
Mrs. Hsi served with husband after her conversion

1896년 시성뭐가 호스트에게 보낸 편지, 두 사람 간의 깊은 우정을 본다
A letter written by Pastor Hsi to D. E. Hoste
showing their close friendship

Wrestling in Prayer
기도의 씨름

Hoste had found that working with the Chinese leader was not always easy. Pastor Hsi had a dominating personality that even Chinese believers sometimes found hard to cope with; he was known to be strong-willed and have a quick temper. Hsi certainly would not mellow just for the sake of foreigners, let alone for the young missionary, Hoste.

However, over the years, Hoste observed and learned from this man of God whose life was transparent and authentic. If there was one particular spiritual lesson that Hoste learned from Hsi, it was the lesson of prayer and waiting upon God. Hsi would spend days sometimes in his room in prayer, particularly when facing difficult situations.

On one occasion, some Chinese preachers in his team were drawn into conflict. Hsi locked himself

호스트는 중국인 리더와 함께 일하는 것이 쉽지 않았다. 시 목사는 지배적인 사람이어서 중국 성도들조차도 함께 일하기 어려울 때가 있었다. 그는 강하고 급한 성격이었다. 시 목사가 외국인이라고 잘 대해 주었을 리 만무하고 더구나 젊은 선교사 호스트에게는 더 말할 것도 없었을 것이다.

그렇지만 시간이 지나면서 호스트는 이 하나님의 사람에게서 투명하고 표준적인 삶을 배우게 되었다. 호스트가 시에게서 특별한 영적 교훈을 얻은 것이 있다면 그것은 기도와 하나님을 기다리는 것이었다. 시는 자기 방에서 며칠 씩 나오지 않고 기도를 할 때도 있었는데 어려운 상황을 만나면 특히 더 그러했다.

한번은 그의 팀에 있던 중국인 전도자 사이에 갈등이 생겼다. 시는 방문을 잠그고 들어가서 이틀 동안 아무 것도 먹지 않고 기도했다. 이틀 후 주님이 승리했다

in his room to pray, and stayed there for two days without food. At the end of two days, the Lord gave him the inward assurance that the victory was won, and he came out to see the two men. As soon as he began to share, he confessed to the two brothers how the Lord convicted him that he had failed without waiting upon God enough before making the decision to assign the two of them to work together. The two brothers were speechless at his humility and became reconciled. Hoste observed, reflected, took it to heart. Hsi's advice to Hoste was, "If you take premature action before God's time has come, you only aggravate the trouble."

Years later, Hoste advised new missionaries, "Never lance an abscess before it is ripe." Willingness to wait in prayer, patience in restoring relationships, reluctance in premature judgement - these became significant principles in Hoste's ministry.

A young American missionary who was sent to work under Hoste gave a glimpse of his prayer life;

After our breakfast and our period of Bible study and communion, Mr. Hoste would retire to his

는 확신을 주셨다. 그래서 방에서 나와 두 사람을 만났다. 그는 먼저 그들에게 주께서 자기에게 깨우치신 잘못을 이야기해 주었다. 자기가 그들이 함께 일하도록 결정했을 때, 하나님을 충분히 기다려서 응답을 받은 것이 아니었음을 고백했다. 두 사람은 그의 겸손에 할 말을 잃고 서로 화해했다. 호스트는 그 모든 것을 관찰하였고 마음에 담아 두었다. 시목사는 호스트에게 이렇게 충고했다. "하나님의 시간이 되기 전에 너무 서둘러서 행동을 취하면 문제를 더욱 악화시키게 됩니다."

몇 년 후, 호스트는 신임 선교사들에게 이렇게 충고했다. "완전히 곪기 전에는 절대로 종기를 짜지 말아야 합니다." 기꺼이 기도하며 기다리는 것, 관계를 회복하기 위해 인내하는 것, 성급하게 판단하지 않는 것 - 이 세 가지는 호스트의 사역에 중요한 원칙이 되었다.

호스트 밑에서 사역하게 된 젊은 미국 선교사가 그의 기도 생활을 보고 이렇게 말했다.

아침 식사와 성경 공부, 성찬 시간이 끝나면 호스트씨는 마당을 건너 자기 방으로 가서 오랫동안 기도를 합니다. 커다란 앞문을 닫고 보통 몇 시간 동안 중보 기도와 성경 연구를 합니다. 그는 보통 방을 왔다 갔다 하면서 낮은 목

apartment across the court for a long period of prayer. He would close the large front doors and usually would spend some hours in intercessory prayer and Bible study. He usually prayed aloud, but in a very low tone, and would pace up and down the room while he was in prayer. He talked freely about prayer, and I enquired why he walked to and fro during those periods of communion with the Father. His reply was that somehow he seemed to have more freedom in prayer while walking; that prayer seemed more free and unrestrained. During his many journeys through the country to outlying villages and cities, he frequently sent his boy ahead with the donkey and baggage for some distance, while he followed behind on foot, and prayed as he walked.

Lest the reader be given the impression that this is the example of a man in powerful prayer without struggle, that is far from reality. Hoste often drifted in his mind while he prayed. This troubled him so much that, in February 1896, he sought advice from Hudson Taylor. On 4 February 1896, in his letter to Hudson Taylor, Hoste wrote;

I do long to be more godly. It seems so sad that

소리로 소리를 내어 기도합니다. 그는 기도에 대해 자유롭게 말했는데 나는 아버지와 교제하는 동안 왜 그렇게 왔다 갔다 하시느냐고 물었습니다. 그랬더니 걷고 있으면 더 자유롭게 기도가 된다고, 기도가 더 막힘없이 자유로워지는 것 같다고 대답하였습니다. 근교의 마을과 읍내로 여행할 때가 많았는데 그 때도 일 도와주는 소년을 당나귀와 짐과 함께 먼저 보내고 거리를 두고 그 뒤를 따라 걸으면서 기도하였습니다.

강력한 기도를 하는 사람에게 갈등이 없을 것이라고 생각한다면 그것은 사실과 다르다. 호스트는 기도할 때 생각이 다른 데로 흘러갈 때가 있었다. 이 문제로 괴로워서 1896년 2월에 허드슨 테일러에게 조언을 구한 적이 있었다. 1896년 2월 4일, 그가 허드슨에게 쓴 편지이다.

저는 정말로 더 경건해지고 싶습니다. 마음이 하나님에게서 떠나 방황하고 다른 것을 원하다니 정말로 슬픈 일입니다. 이것은 개인적인 편지이니 제 속 마음을 괴롭히고 낙심하게 하는 문제에 대해서 기도와 조언을 해주시면 감사하겠습니다. 기도할 때 잡다한 생각이 나서 방해가 됩니다. 그것을 고백하면 또 다른 생각들이 머릿속을 복잡하게 합니다. 상당한 시간을 이렇게 갈등하면서 여러 가지 생각

the heart should wander from God and want other things. As this is a private and personal letter I want to ask your prayer and advice on what is to me a great source of distress and perplexity in my inner life. I find that in prayer wandering thoughts come in, and then in confessing them, often more wandering thoughts come, and in this way often quite a considerable time will be taken up in a desperate struggle to get clear of the various thoughts, and fix the heart and mind in an unwavering concentration on God. You can understand how exhausting this is for one's head; and really now by the time one has been able to pray believingly for them all, one's head is often throbbing, and one is quite wearied. When I see how many are owning up to neglect of private prayer, gross and heavy and more or less blind, I dare not give it up.

Many weeks passed. The response from Hudson Taylor finally came. He wrote:

Regarding a wandering mind in prayer; I have found more help in praying aloud, and praying while walking about - talking as to a present Lord - than in any other way.

에서 벗어나 마음과 생각을 하나님께 집중하기 위해 사력을 다합니다. 이것이 얼마나 제 작은 머리를 지치게 하는지 이해하시겠지요. 그리고 이제 모든 것을 믿으며 기도할 수 있게 되면 머리가 두근거리고 아주 지쳐 버립니다. 탁하고 무겁고 맹목적이었던 기도에 대해 수없이 자백하고 털어버렸음에도 같은 일을 반복합니다.

몇 주 후, 기다리던 허드슨 테일러의 답장이 왔다.

기도할 때 다른 생각이 드는 것에 대해서; 어떤 다른 방법보다 나는 앞에 계신 주님께 이야기하듯이 소리 내거나 걸으면서 기도하는 것이 도움이 되었습니다.

후배 선교사에게 실제적인 조언과 위로를 할 줄 아는 허드슨 테일러는 이렇게 덧붙였다.

다른 생각을 하게 된다고 해서 꼭 영적인 삶을 놓쳤다고 볼 수는 없다고 생각합니다. 신경 상태가 예민해진 것이기 때문에 쉬거나 건강에 활력을 줄 수 있는 방법을 찾아야 할 필요가 있습니다.

호스트는 기도할 때 여러 가지 생각이 머릿속에 들어오는 이 문제를 극복하기 위해 이전과 다른 습관을 개

Knowing how to give practical guidance and comfort to younger missionaries, Hudson Taylor added;

I do not think that wandering in thoughts at all necessarily indicates a loss of spiritual life, but it does show a loss of nerve-tone and calls for (rest)... use of such measures as will generally give vigour to the health.

Hoste developed some unusual habits in his prayer life to overcome his wandering mind. When he succeeded Hudson Taylor as General Director, he almost daily invited another colleague to be with him in the office to pray together.

He found that the presence of another kept his mind from wandering. Early in the morning, a sign 'engaged' would be on the door of the office so no one should disturb him. A missionary passing through Shanghai would be a great bonus to him: he would grab every opportunity to pray with others. In long sessions of intercessory prayer, he would occasionally take a sip from his cup of tea and plunge back into prayer. When alone, often Hoste paced up and down in his room when he prayed. He found this a useful

발했다. 허드슨 테일러의 뒤를 이어 총재가 되자 그는 거의 매일 다른 동료를 자기 사무실로 초대해서 함께 기도했다.

다른 사람이 있으면 머리가 여러 가지 생각으로 복잡해지지 않았다. 아침 일찍 아무도 방해하지 못하도록 '용무 중'이라는 표시를 사무실 문 앞에 붙여 놓았다. 누군가 상하이를 거쳐 가는 선교사가 있으면 그에게 특별한 보너스가 되었다. 기회만 있으면 다른 사람과 함께 기도하려고 했다. 오랜 시간 중보 기도를 하면서 도중에 가끔씩 차를 마시기도 하였다. 그러고 나서 다시 기도로 돌아오는 것이었다. 혼자 있으면 기도하면서 방 안을 거닐었다. 그렇게 하면 깨어 있기가 쉬웠다. 급하게 읽어야할 것들 외에 다른 편지들은 중보 기도가 다 끝날 때까지 책상 위에 놓아두었다. 그는 기도가 일이라는 입장을 유지하였다.

언젠가 호스트는 개인용으로 쓰라고 지정된 상당한 유산을 받았다. 하루 종일 기도와 금식을 하고나서 그는 전액을 선교회에 기증했다. 어릴 때부터 호스트는 우아한 것들을 좋아하는 고상한 취미가 있었다. 그러나 주님을 경외하는 마음으로 그는 아내 거트루드와 끝까지 소박하게 살았다.

method to keep him awake. Unless there were some urgent letters to be read, he would leave the pile on his desk until he finished his time of intercession. He maintained that prayer was work.

On one occasion, Hoste received a substantial legacy for his own personal use. After a whole day of prayer and fasting, he decided to donate the entire amount to the Mission. From youth, Hoste developed a taste for elegant things. However, out of reverence for the Lord, he and his wife, Gertrude, continued to live simply.

Hoste's knowledge of the workers in the Mission was amazing. He knew the 1,200 members and associates by name and would often pray for the difficulties in which each was engaged. He wrote;

I have found that waiting upon God, and intercession on behalf of others, are really the most vital and effective part of my service (in the Mission)....the persistent opposition of the powers of darkness, can only be overcome by perseverance and importunity in prayer.

호스트는 선교회의 선교사를 전부 잘 알고 있었다. 대단한 일이었다. 선교사 1,200명과 그들에게 딸린 식구들 이름을 다 알아서 각 사람에게 어려운 문제가 있을 때마다 기도하곤 했다. 그가 쓴 편지 내용이다.

선교회 내에서 내가 해야 할 가장 중요하고 효과적인 사역은 하나님을 앙망하며 다른 사람을 위해서 중보하는 일이었습니다. 어두움의 세력은 오직 끈질기게 대항하며 끝까지 간청하는 기도를 통해서만이 극복될 수 있습니다.

산시의 동역자들, 1890년. 앞줄 좌1이 에디스 브룸홀, 앞줄 우2가 거트루드 브룸홀, 셋째줄 우2가 허드슨 브룸홀, 뒷줄 좌3이 호스트.
이 사진 촬영 후에 거트루드는 영국으로 돌아갔고 중국의 호스트와 서로 그리워하다 3년 뒤에 중국으로 돌아와 다음해 1894년에 결혼함
Shanxi Workers, 1890; Front, 1st from left, Edith Broomhall; 2nd from right, Gertrude Broomhall (married to D. E. Hoste, 1894); 3rd row, 2nd from right, Hudson Broomhall; last row, 3rd from left, D. E. Hoste.

The Leadership Challenge
지도자 승계

The Boxer Rebellion of 1900 will never be forgotten. Missionaries were murdered and mission compounds set on fire. Thousands of Chinese believers lost their lives. The CIM also suffered heavy loss, with 58 missionaries and 21 children killed. It was in the province of Shanxi that the violence of the Boxers reached its height, with the greatest number of casualties.

This could not have happened at a worse time. Hudson Taylor was suffering from ill health. He was over-burdened by the responsibilities of the Mission and forced to take rest in Switzerland. When news reached him via telegram, his heart was broken. It became evident that someone else should take leadership immediately to tackle the crisis. Besides, what would happen if the founder suddenly passed away? The Mission would certainly enter into

1900년의 의화단의 난은 잊을 수 없는 사건이었다. 선교사들이 살해당하고 선교관들이 불에 탔다. 중국인 성도 수만 명이 목숨을 잃었다. CIM도 선교사 58명과 그 자녀 21명이 살해된 것을 비롯해서 잃은 것이 많았다. 의화단의 폭력이 가장 심했던 지역은 샨시성으로 희생자도 가장 많았다.

이 일이 일어났을 때는 아주 어려운 상황이었다. 허드슨 테일러는 병을 앓고 있었다. 선교회의 책임 맡은 일들이 너무 많아서 억지로 스위스에 가서 요양하고 있던 중이었다. 그 소식을 전보로 전해 받고 그의 마음은 찢어졌다. 그 위기에 맞붙어 넘겨내기 위해서는 누군가 지도할 사람이 있어야 했다. 만일 창시자인 허드슨이 죽기라도 한다면 어떻게 될 것인가? 선교회는 지도자 없이 혼란과 소동에 빠질 것이 분명했다. 그래서 1900년 8월 7일, 상하이 본부로 호스트를 실행 총재로 임명한다는 전보를 보냈다. 이것은 호스트에게나 당시까지

confusion and turmoil without a leader! Thus on 7 August 1900, a telegram was sent to the Shanghai Headquarters appointing Hoste to the position of Acting General Director. This was a total shock to both Hoste and J. W. Stevenson, who had been Hudson Taylor's deputy for many years. Hoste wrote back immediately and refused the appointment:

In my humble opinion, Mr. Stevenson has been much helped and strengthened in his direction of affairs during this crisis, and such, I believe, is the feeling of the other members of the (China's) Council here as well. On the other hand, I believe that my appointment to act now on your behalf would come as a complete surprise to them, and is one to which they would not agree. To sum up, I earnestly believe that my appointment to act on your behalf here during your present incapacity would be calculated to weaken and even produce disruption in the Mission. Therefore I do most humbly and decidedly decline to accept it.

In another letter to Hudson Taylor a month later, Hoste wrote:

I must say that time has served to confirm my

수년 간 허드슨 테일러의 대행 역할을 했던 J. W. 스티븐슨에게 완전히 쇼크였다. 호스트는 즉시로 그 임명을 철회해 달라고 편지했다:

제 좁은 소견으로는 스티븐슨 선교사님이 이 위기의 때에 사건들의 방향을 잘 처리하여 선교회에 크게 도움이 되셨고 이곳에 있는 다른 이사들도 같은 생각이리라고 믿습니다. 반면에 저를 총재 대행으로 임명하신 것은 그분들을 완전히 놀라게 하며 아무도 수긍할 수 없는 일일 것입니다. 요약하자면, 제가 진심으로 믿기는 총재님 부재중에 여기에서 제가 대행 역할을 하게 되면 선교회를 약화시키며 혼란스럽게 하는 일이 될 것입니다. 그래서 저는 죄송하지만 절대로 그 일을 맡을 수 없습니다.

한 달 후에는 또 이런 편지를 허드슨 테일러에게 보냈다.

시간이 지나면서 더욱, 제가 현재로서는 스티븐슨 선교사님의 조력자요 조언자로서의 역할을 가장 잘 할 수 있다는 저의 견해가 맞았다고 말씀드려야겠습니다. 현재 상황을 보면 다른 관계는 잘못된 것이 될 것입니다.

호스트의 반응은 이해할 만하다. 스티븐슨은 나이가

view that I can best now assist the work as one of Mr. Stevenson's helpers and advisers; and that any other relation would, as things are, be a false one.

Hoste's reaction is understandable. Stevenson was older and had years of missionary experience. Hoste was scarcely forty. He had made up his mind. However, God sometimes allows sufferings in our lives to awaken our stubborn will. Within the following month, Hoste suffered from a severe attack of typhoid. He was totally immobilized for nearly a month and had more time to think and pray from a position of inactivity.

Hoste finally wrote to Hudson Taylor on 15 November, "His ways are not our ways, and His grace can triumph over the otherwise impossible, His strength really is made perfect in weakness." Though Hoste still desired that Hudson Taylor would be restored to good health and thus the new appointment would be unnecessary, he finally came to the realization that he needed to fully submit to the will of God.

"I long for a filling of the Spirit of Christ… I need the strong love of Christ to constrain me to spend and

더 많았고 선교사로서의 경험도 많았다. 호스트는 아직 40도 채 되지 않았다. 그의 결심은 굳었다. 그러나 하나님은 가끔 우리의 완고한 의지를 꺾기 위해 고난을 허락하신다. 그 후 한 달도 지나지 않았는데 호스트는 장티푸스로 심하게 앓게 되었다. 거의 한 달간을 꼼짝 못하고 누워 있으면서 더 생각하고 기도하는 시간을 가졌다.

마침내 호스트는 11월 15일 허드슨 테일러에게 이렇게 편지했다. "그분의 길은 우리의 길과 같지 않고 그분의 은혜는 다른 방법으로는 도저히 불가능한 것을 이겨낼 수 있습니다. 그분의 힘은 참으로 약한데서 온전해 집니다." 비록 호스트는 아직도 허드슨 테일러가 회복되어 새로운 지도자 임명이 필요 없게 되기를 간절히 소원했지만 마침내 하나님의 뜻이라면 온전히 순종하는 것이 필요하다고 깨닫게 되었다.

"그리스도의 영으로 충만하기를 간절히 소원합니다. 저를 강권하시는 그리스도의 사랑이 필요합니다. 다른 사람을 위해 부어줄 수 있는 강력한 당신의 사랑이 필요합니다." 호스트는 하나님께 간청했다.

호스트가 맨 처음에 한 일은 선배 선교사 스티븐슨을 찾아간 것이었다. 그것은 둘 다에게 쉬운 일이 아니었다.

be spent for others," Hoste pleaded with God.

The first thing Hoste did was to approach Stevenson, the senior colleague. It was not an easy think for either of them. Tears were in the eyes of the older man. In the spirit of love Stevenson told Hoste that the Lord had reassured him and had given him peace and joy. It was God's appointment and Stevenson gave him his full blessing. In January 1901, Hoste was formally appointed Acting General Director of the Mission. His appointment was warmly received.

Throughout his 35years of leadership, Hoste gained and maintained the confidence of the members of the Mission because of his prayerfulness more than any other quality. For those years, he knew and prayed for over 1,000 members by name, and for their children.

Bishop Frank Houghton, who in 1940 took over as General Director of the Mission wrote, "While Mr. Hoste, being human, was not immune from errors of judgement, yet criticism was silenced, dissatisfaction found no room to grow or spread, because our General Director was a man who spent much time with God."

Hoste's godly character was not only recognized

선배의 눈에 눈물이 있었다. 스티븐슨은 주께서 자기에게 확신을 주셨고 평화와 기쁨을 주셨다고 사랑의 마음으로 호스트에게 말했다. 그것은 하나님의 임명이었기 때문에 스티븐슨은 그를 전적으로 축복했다. 1901년 1월 호스트는 정식으로 선교회의 실행 총재로서 임명을 받았다. 모두가 그의 임명을 따뜻하게 받아들였다.

총재로 있던 35년 동안 호스트는 다른 자질보다도 특히 기도하는 지도자로서 신임을 얻었다. 그 동안 그는 1,000명이 넘는 선교사와 그 자녀들의 이름을 전부 외며 기도하였다.

프랭크 휴턴 감독은 1940년 호스트의 뒤를 이어 총재가 된 사람인데 이런 글을 남겼다. "호스트 선교사님도 인간이기 때문에 다른 사람의 비판을 듣기도 했다. 그러나 그러한 것은 곧 잠잠해졌고 불만이 있는 것도 더 퍼지거나 자라지 못했다. 왜냐하면 우리 총재는 하나님과 많은 시간을 함께 보내는 분이었기 때문이었다."

호스트의 경건한 성품은 선교회 내에서 뿐 아니라 한 때 적이었던 사람들에게까지도 인정을 받았다. 그 비극적인 의화단의 난이 끝나고 보상 문제가 거론되었을 때 CIM은 어떤 보상도 받지 않겠다고 하여 중국 정부와 외국 기관들을 놀라게 했다. 호스트가 CIM의 손실이 적

by the Mission, but also by those who were once its enemies. When the Boxer Rising finally drew to its tragic but inevitable end, and reparations were offered, it came as a surprise to the Chinese government as well as to the foreign powers that the CIM refused to receive any compensation. When Hoste submitted a statement of the CIM's losses to the governor and insisted that no compensation would be claimed or accepted by the CIM, the governor was dumbfounded. On 11 October 1901, the governor of Shanxi issued an edict. Placards were seen wherever the CIM had worked and suffered, throughout Shanxi. On each placard was written these words:

The Mission, in rebuilding these Churches with its own funds, aims in so doing to fulfill the command of the Saviour of the World, that all men should love their neighbours as themselves, and is unwilling to lay any heavy pecuniary burden on the traders or on the poor. I, the Governor, find…that the chief work of the Christian religion is in aoll places to exhort men to live virtuously. From the time of their entrance into China, Christian missionaries have given medicine gratuitously to the sick…Jesus, in his instructions, inculcates forbearance and forgiveness, and all desire

힌 명세서를 정부 관리에게 제출하며 아무런 보상도 받지 않을 것이라고 하자 그는 말문이 막혔다. 1901년 10월 11일 샨시의 성장(省長)은 포고문을 발표했다. 샨시성 내에서 CIM이 사역했고 희생이 있던 곳마다 벽보를 써서 붙여 놓았다. 그 내용은 다음과 같았다.

 선교회는 이 교회들을 자기들의 재정으로 다시 지음으로써 모든 사람이 이웃을 자기 몸 같이 사랑해야 한다는 세상의 구주이신 분의 명령을 따랐다. 그들은 상인들이나 가난한 사람들에게 과다한 벌금을 부과하는 것을 마다했다. 성장(省長)인 내가 보기에 기독교의 주된 일은 어디에서나 사람들이 덕을 베풀며 살도록 권면하는 것이다. 기독교 선교사들은 처음 중국에 왔을 때부터 병자에게 무료로 약을 나누어 주었다. 예수는 참고 용서하며 원수를 갚지 말라고 가르쳤다. 호스트씨는 이러한 가르침을 완전하게 지켰다. 이러한 행동은 최상의 칭찬을 받아 마땅하다. 나는 지주, 학자, 군인 그리고 인민들에게 권한다. 호스트 목사의 본을 꼭 마음에 새기도록, 너희 중 아비된 자는 아들에게, 형들은 동생들에게 권면하라. 예수가 하라는 대로 참고 용서했던 그를 본받으라고 권하라.

to revenge is discouraged. Mr. Hoste is able to carry out these principles to the full; this mode of action deserves the fullest approval. I charge you all, gentry, scholars, army and people, those of you who are fathers to exhort your sons, and those who are elder sons to exhort your younger brothers, to bear in mind the example of Pastor Hoste, who is able to forbear and forgive as taught by Jesus to do so.

동료와 거닐며 기도하는 호스트
Hoste walks with a colleague, praying.

우송로의 중국내지선교회 구건물(1890-1931)
Old CIM Headquarters (1890-1931) Woosung (Wusong) Road

상하이 우송로의 중국내지선교회 구건물 3채중 하나
Old CIM Headquarters Woosung (Wusong) Road

신쟈로의 내지선교회 새건물(1931-1951)
New CIM Headquarters (1931-1951) Shinza (Xinzha) Road

Not Disobedient to the Heavenly Vision
하늘에서 보이신 것을 거스르지 않으려고

Over-thirty years of leadership would be considered unusual in today's context. However, as the years passed, a quiet confidence in God deepened. Hoste was a quiet man, considered aloof by some, certainly a reserved man, but one who did not fail to intercede for his fellow missionaries. A man who maintained the big picture. Phyllis Thompson described Hoste as 'the eagle who flies high… The eagle is a lonely bird, but he (Hoste) knew how to mount up with wings when he prayed."

No one would have expected Hoste at the age of nearly 70, to take the Mission forward with a fresh vision and tremendous energy. In 1929, while many missionaries in China faced the pressure of evacuation because of instability, Hoste called for prayers for 200 new workers for the inland provinces.

30년 이상을 지도자로 있는 것은 현대에서는 드문 일일 수 있다. 그런데 세월이 흐를수록 하나님께 대한 조용한 신뢰는 깊어만 갔다. 호스트는 조용한 사람으로 어떤 이에게는 멀리 떨어져 있는 사람으로 느껴지기도 했다. 확실히 그는 내성적이었지만 동료 선교사를 위해서 중보하는 것은 놓치지 않는 사람이었다. 또 큰 그림을 가지고 있는 사람이었다. 필리스 탐슨은 호스트를 '높이 나는 독수리'라고 묘사했다. '독수리는 고독한 새이지만 호스트는 기도할 때 어떻게 높이 날아갈 수 있는지를 알고 있었다.'

70세 가까운 노인이 새로운 비전과 대단한 힘을 가지고 선교회를 전진하게 하리라고는 아무도 기대하지 못하던 일이었다. 1929년, 중국에 왔던 선교사들이 불안정한 내정으로 인해 떠나야 한다는 압력을 받고 있을 때, 호스트는 내지에 가서 일할 선교사 200명을 보내달라고 기도하자고 하였다.

"Is the China Inland Mission out of its mind?" other missions asked.

"How can we jeopardize our workers?" churches asked. "We want all our current workers in China to return home."

Pressure was mounting. People were anticipating that the CIM would 'relent'. Hundreds of expatriates including missionaries were already on their way home to England and America. Attacks on the missionaries were too frequent. The political situation was too unstable. The risk was too high.

It was a time of heart-searching for the CIM. Leaders asked, "Are we actually doing the work for which God brought the Mission into being? Have we completed the task?"

"Have we too readily settled down to consolidate gains already secured, while multitudes remain unevangelized with great stretches of the country unreached for Christ?"

"Are we becoming stationary instead of mobile? Are we too occupied with the near at hand? Have we lost

"CIM은 제 정신입니까?" 다른 선교회에서는 그렇게 물었다.

파송 교회에서는 이렇게 말했다. "어떻게 우리 선교사들을 위험에 빠뜨릴 수 있습니까? 지금 중국에 있는 선교사도 전부 본국으로 불어들이기 원합니다."

압력이 심해가고 있었다. 사람들은 CIM이 누그러지리라고 기대하고 있었다. 선교사들을 비롯한 수백 명의 외국인들이 이미 영국이나 미국으로 돌아가고 있었다. 선교사를 공격하는 일이 지나치게 자주 있었다. 정치적인 상황도 아주 불안정했다. 위험부담이 너무 컸다.

CIM 리더들은 스스로에게 질문을 던졌다. "우리는 정말로 하나님께서 선교회를 존재하게 하시는 목적대로 일하고 있는가? 우리는 그 과업을 완수하였는가?"

"아직도 이 나라에는 복음이 전해지지 않은 지역이 매우 광대하고, 그리스도를 모르는 사람들이 수없이 많이 있는데, 우리는 이미 확보한 것을 견고히 하기 위해 너무 일찍 안주하고 있는 것은 아닌가?"

"이동하며 전하는 대신에 한 곳에 머물러 있지는 않은가? 근시안적인 일에 너무 사로잡혀 있지 않은가? 먼

the vision for those far-off and still unreached - the 10 million Muslims spreading into the far north-western inlands, the Tibetans, the tribal people, people in inner Mongolia?"

The leaders faced these hard questions.

On 15 March 1929, D. E. Hoste wrote a letter to all the Mission's friends and supporters, entitled 'An appeal from China for 200 New Workers.' This was an appeal for the impossible!

A careful survey of the spiritual work to which we ourselves are called as members of the China Inland Mission, has led us to feel the importance of immediate reinforcement···called and sent out by God to assist us in carrying on and extending the work already committed to our charge.

We ask our brothers and sisters in Christ at home to join us in praying to the Lord of the Harvest to thrust out these reinforcements. We are not anxious as to the means (methodologies) for sending forth or sustaining them. He has told us to look to the birds and flowers and to take no thought for these things, but to seek first

곳에 있는 미전도 지역에 대한 비전을 잊고 있는가? 내지 북서부, 티베트, 소수 부족, 내몽고 지역에 퍼져 살고 있는 천만 명의 무슬림을 잊었는가?"

리더들은 이 어려운 질문에 대답해야 했다.

1929년 3월 15일, D. E. 호스트는 선교회의 친구들과 후원자들에게 '새 중국 선교사 200명을 위한 요청'이라는 제목으로 편지를 보냈다. 그 요청은 불가능한 것이었다.

CIM 멤버로서 부르심을 받은 저희들의 영적인 사역에 대해서 주의 깊게 연구한 결과, 즉시로 사람을 보강해야 하는 일이 중요하다는 것을 깨닫게 되었습니다. 우리를 도와 이미 맡겨진 사역을 수행하고 또 더 확장하기 위해서 하나님이 부르시고 보내주시는 사람들이 필요합니다.

본국에 있는 그리스도 안의 형제 자매들에게 부탁드립니다. 추수의 주님께 이 증원부대를 보내달라고 우리와 함께 기도해 주세요. 우리는 어떤 수단을 통해서 그들을 보내고 먹여 살릴 지에 대해서는 걱정하지 않습니다. 그분은 새와 꽃들은 그런 걱정을 하지 않는다고 말씀하시며 먼저 하나님의 나라와 그분의 의를 구하라고, 그러면 이 모든 것을 더하시리라고 하셨습니다.

그러나 오직 하나님의 부르심을 받은 남자와 여자만을

the Kingdom of God and His righteousness, and all these things shall be added unto us.

But we are concerned that only men and women called of God, fully consecrated to Him, counting the cost should come...Mere romantic feeling will soon die out in the toilsome labour...Faith in the Living God alone gives joy and rest in such circumstances.

An impossible task. Am impossible appeal. Not retreat but reinforcement. Impossible with men, but not with God! In fewer than three years, the Lord sent 207 new workers to the CIM.

Witnessing God's mighty work, Hoste gladly saw that the time had come for another godly leader to take the mission forward. By 1932 over 80 new gospel centers had been opened. By the time Hoste retire in 1935, CIM had 1,360 missionaries. Hoste gave these words to G. W. Gibb, who succeeded him as General Director, "God will never fail! Every need will be abundantly met, if not through one channel, then through another. The work is the Lord's"

The eagle finally returned to the nest. On 11 May 1946, Hoste was called home.

원합니다. 그분께 완전히 자신을 성별하고, 그에는 반드시 대가가 따른다는 것을 알고 있는 사람을 원합니다. 단지 낭만적인 감정이라면 고생스러운 일이 닥칠 때 곧 사라질 것입니다. 살아계신 하나님을 믿어야만 그러한 환경 가운데서 기뻐하고 안식할 수 있습니다.

불가능한 과업이었고 불가능한 호소였다. 물러가는 것이 아니라 인원을 보강하는 것이었다. 사람에게는 불가능하였지만 하나님께는 그렇지 않았다! 3년이 안 되어 주님께서는 CIM에 207명의 새 일꾼을 보내주셨다.

하나님께서 행하시는 능하신 일을 보고 호스트는 기쁜 마음으로 이제 선교회를 더 발전시킬 다른 경건한 지도자가 필요한 때라고 생각했다. 1932년까지 전도소가 80군데 이상 새로 생겼다. 호스트가 은퇴하던 1935년, CIM에는 1,360명의 선교사가 있었다. 호스트는 자기 뒤를 이어 총재가 된 G. W. 깁에게 이런 말을 남겼다. "하나님은 실패하는 적이 없으십니다! 필요한 것은 풍성하게 채워주실 것입니다. 한 통로가 막히면 다른 통로를 통해서 주시지요. 주님의 사역이니까요."

독수리는 마침내 보금자리로 돌아갔다. 1946년 5월 11일 호스트는 본향으로 부름을 받았다.

1905년 4월, 상해에서 중국자문위와 함께한 호스트(뒷줄 왼쪽부터 세 번째)
D. E. Hoste with the China Council, Shanghai, 1905

허드슨 테일러의 장례 예배를 인도하는 호스트와 중국 성도들
D. E. Hoste conducts service of committal in Zhenjiang, June 9, 1905